みなとの おでかけメモ

でかける 前に、もっていくものと
よていを かいてみましょう。

電車で 日光へ 行く 日の もちもの

- ☑ ハンカチ
- ☑ おさいふ
- ☑ ＩＣカード

おでかけの 日の よてい

午前７時……朝ごはん、歯みがき
午前８時半……家を 出発
午前９時半……駅に つく
午前１０時……電車で 出発！
午前１１時……早めの お昼ごはん（おべんとう）
午前１２時半…日光に つく

すべての人に読書を
ポプラ社のLLブック

電車に のろう

写真・文：加瀬健太郎　監修：野口武悟（専修大学教授）

みなとは おじいちゃん、おばあちゃんと
電車に のって、でかけます。

ポプラ社

駅に つきました。
行き先は 栃木県の 日光。
「早く 電車に のりたいな」と
みなとは とても
わくわくしています。
みなとたちが のる 電車は
10時に 出発します。

日光

みなとたちが
電車に のる 駅

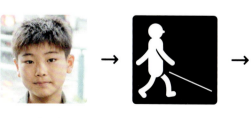

みなと　　つく　　えき

駅の 改札に つきました。
みなとは リュックから ICカードを とりだしました。

みなと　　　もつ　　あいしーかーど

ICカードを かざすと、
「ぴっ」と 音が なって、
改札を とおることができます。

みなと　→　とおる　→　かいさつ

電車の ホームは たくさん あります。
「どの ホームに 行けば いいんだろう」
みなとは 駅員さんに 聞いてみることにしました。

みなと　　　さがす　　　ほーむ

「日光に 行く 電車は 何番ホームですか?」と みなと。
「5番ですよ。気をつけて 行ってね」と
駅員さんは 教えてくれました。

えきいんさん　　おしえる　　ほーむ

スペーシア X

日光へ 行く 電車は いろいろ あります。
今日、みなとが のるのは
「スペーシアX」と いう 電車です。
かっこいい 電車に のるのを
みなとは 楽しみに しています。

 →  →

みなと　　　たのしみ　　　でんしゃ

5番ホームに つきました。
「黄色の 線の うちがわに
ならぼうね」と
おばあちゃん。
すると、電車の 音が
聞こえてきました。

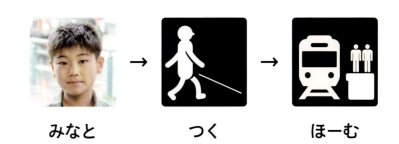

みなと　　　つく　　　ほーむ

がたん ごとん

がたん ごとん

「電車が 来たよ！ かっこいい！」
みなとは おおよろこびです。

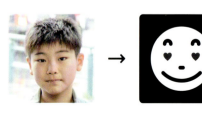

みなと　→　よろこぶ

がたんごとん！

スペーシアＸだ！

「足元を よく 見てね」と
おばあちゃん。
みなとは、そっと 電車に
のりこみました。

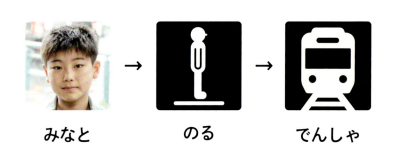

みなと → のる → でんしゃ

3人
にん
は 自分
じぶん
たちの せきを みつけて すわります。
おじいちゃんが にもつを にだなに のせてくれました。
おかげで せきが ひろびろと つかえます。

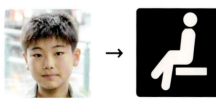

みなと　　　すわる

さあ、電車が 出発します！
「まどから 東京スカイツリーが 見えるよ！」
みなとは わくわくしてきました。

 →

でんしゃ　　しゅっぱつ

楽(たの)しみにしていた
おべんとうの 時間(じかん)です。
おじいちゃんと
おばあちゃんが、おべんとうから
いろいろな おかずを
わけてくれます。
電車(でんしゃ)で 食(た)べると いつもより
おいしいのは なぜでしょう。

みなとの おべんとう

 → →

みなと　　　　たべる　　　　おべんとう

おべんとうを　食べおわると
おばあちゃんは　旅行の
ガイドブックを
とりだしました。
「ここに　行きましょう！」
「これも　おいしそうね」
おばあちゃんは
おおはしゃぎです。

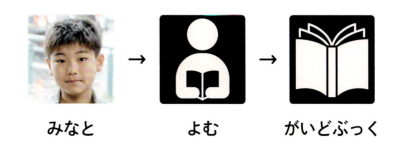

みなと　　　よむ　　　がいどぶっく

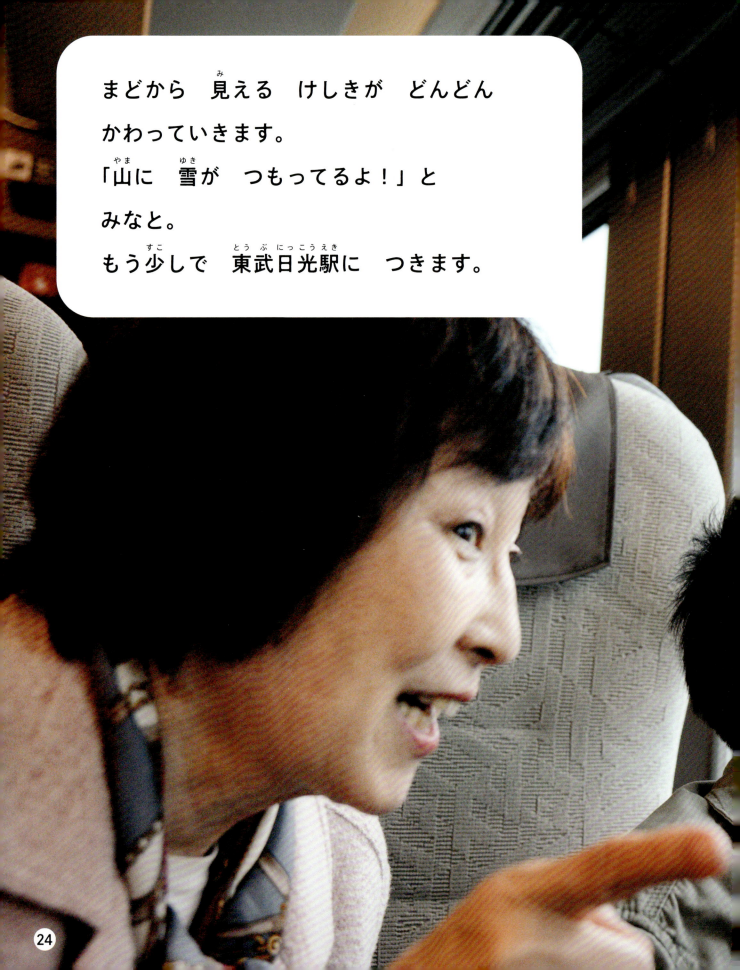

まどから 見(み)える けしきが どんどん
かわっていきます。
「山(やま)に 雪(ゆき)が つもってるよ！」と
みなと。
もう少(すこ)しで 東武日光駅(とうぶにっこうえき)に つきます。

みなと → みる → けしき

みなとは　電車の　なかの　ごみばこに
おべんとうの　ごみを　すてます。

みなと　　　すてる　　　ごみ

東武日光駅に つきました。
みなとは リュックを せおって、
さあ 電車を おります。

→→

みなと　　おりる　　でんしゃ

楽しくて あっという 間だった
電車の たび。
「もう少し のっていたかったな」と
おもう みなと。

3人は 駅の 改札を 出ると、
うきうきした 足どりで
日光の まちへと
歩きだしました。

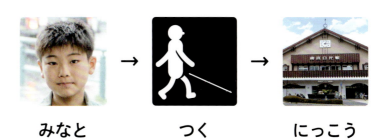

みなと　　　つく　　　にっこう

電車の のりかた

① のる 電車を きめる

のりかえあんないの アプリケーションなどを 見て、行きたい 場所まで どの 電車で 行くか きめよう。

② 駅で 改札を とおる

電子マネーが 入った ICカードを かざして 改札を とおろう。

④ ホームで まつ

ホームで 電車を まつ 間は 黄色の 線から 出ないように しよう。

⑤ 電車に のる

電車から おりる 人が おりてから のろう。

電車には　どんなふうに　のるのかな？
どんなことに　気をつければ　よいのかな？

けんばいきで　きっぷを
買って、改札を　とおる
ほうほうも　ある。

③ 乗り場を　たしかめる

あんないひょうじで、電車が
どの　乗り場（ホーム）から
出発するか　たしかめよう。

⑥ 電車を　おりる

電車の　なかの　ひょうじを
見て、おりる　駅に　ついたら
電車を　おりよう。

⑦ 改札を　とおる

ICカードを　かざして
改札を　とおり、駅の　外へ
出よう。

障がいの有無や国籍に関わらず
だれもが読める LL ブック

　LLブックの「LL」は、スウェーデン語で「やさしい文章でわかりやすい」を意味するLättlästをちぢめたものです。「わかりやすさ」へのニーズが高い、知的障がいのある人や日本語を母語としない人などをメインの読者として想定していますが、だれもが読むことができます。LLブックの特徴としては、

- 写真などで、内容を具体的に表している
- 短く、やさしい日本語表現の文章で書かれている
- すべての漢字、カタカナにふりがながついている
- 文章の意味の理解を助けるピクトグラムがついている

このような点をあげることができます。文部科学省の「学校図書館ガイドライン」（2016年）では、LLブックの整備を勧めています。障がいのある人をふくめ、だれもが読書の権利をもっています。その権利を保障し、社会参加に必要な知識や情報を得る助けとなるのがLLブックなのです。
　このシリーズは、読者に外出の楽しさを感じてもらうこと、また、外出先でのマナーや施設の利用方法について知ってもらうことをめざしてつくられています。本書では、電車で栃木県の日光まで旅するようすを描いています。読み物として楽しんでもらえるように、そして電車の安全な乗り方や車内での快適な過ごし方などを学んでもらえるように工夫しました。電車を使って、ご家族で旅行に出かける前や、学校で遠足や修学旅行に出かける前に、ぜひ読んでほしいと思います。
　すべての学校図書館や地域の図書館にLLブックが整備され、だれもが利用できるようになることを願っています。

専修大学教授　野口武悟

写真・文：加瀬健太郎（かせけんたろう）

写真家。1974年大阪生まれ。東京の写真スタジオで勤務の後、イギリスに留学。London College of Communicationで学ぶ。著書に『スンギ少年のダイエット日記』『お父さん、だいじょうぶ？日記』（リトルモア）、『イギリス：元気にジャンプ！ブルーベル（世界のともだち）』（偕成社）、絵本『ぐうたらとけちとぷー』（絵・横山寛多／偕成社）がある。

監修：野口武悟（のぐちたけのり）

専修大学文学部教授、放送大学客員教授。博士（図書館情報学）。専門は、読書バリアフリー、子どもの読書など。第8回JBBY賞などを受賞したLLブックシリーズ「仕事に行ってきます」（埼玉福祉会出版部）の監修などを手がける。主な著書に『読書バリアフリーの世界：大活字本と電子書籍の普及と活用』（三和書籍）などがある。

撮影協力：東武鉄道

画像提供：東武食品サービス

協力：生井恭子（東京都立鹿本学園教諭）
本文イラスト：磯村仁穂
本文・装丁デザイン：倉科明敏（T.デザイン室）
ピクトグラム画像、写真（p8-9、18-19）：PIXTA
編集制作：中根会美（303BOOKS）

すべての人に読書を　ポプラ社のＬＬブック①
電車にのろう

発行	2025年4月　第1刷
写真・文	加瀬健太郎
監修	野口武悟
発行者	加藤裕樹
編集	小林真理菜
発行所	株式会社ポプラ社
	〒141-8210　東京都品川区西五反田3−5−8
	JR目黒MARCビル12階
ホームページ	www.poplar.co.jp（ポプラ社）
	kodomottolab.poplar.co.jp（こどもっとラボ）
印刷・製本	株式会社C&Cプリンティングジャパン

Printed in China　ISBN978-4-591-18413-4／N.D.C. 686／32P／27cm
©Kentaro Kase 2025
P7255001

落丁・乱丁本はお取り替えいたします。
ホームページ（www.poplar.co.jp）のお問い合わせ一覧よりご連絡ください。

本書のコピー、スキャン、デジタル化等の無断複製は著作権法上での例外を除き禁じられています。本書を代行業者等の第三者に依頼してスキャンやデジタル化することは、たとえ個人や家庭内での利用であっても著作権法上認められておりません。

家に 帰ったら……

① 手を あらおう

家に 帰ってきたら、
すぐに せっけんを
つかって 手を あらう。
つめの 先や、ゆびの 間も
きれいに してね。

② うがいを しよう

手を あらったら、
うがいを する。
うがいを して、
のどに ついた きんを
あらいおとそう。